Erich Fried
ZWISCHEN TÜR UND AMSEL

Band 10 der Reihe RTB Gedichte,
herausgegeben von Uwe-Michael Gutzschhahn

Erich Fried, 1921 in Wien geboren, floh 1938 nach der Besetzung Österreichs nach England. Lebte bis zu seinem Tod 1988 in London. Er arbeitete als freier Schriftsteller und Übersetzer und veröffentlichte neben Erzählungen und einem Roman insgesamt mehr als 25 Gedichtbände für Erwachsene. Für seine literarische Arbeit wurde er u. a. mit dem Bremer Literaturpreis, mit dem Österreichischen Staatspreis und mit dem Georg-Büchner-Preis ausgezeichnet.

Erich Fried

ZWISCHEN TÜR UND AMSEL

Gedichte

Mit 6 Zeichnungen
von Nikolaus Heidelbach

Otto Maier Ravensburg

Gegen abergläubische Opfergaben

Unnützer Aberglaube
den Gespenstern Milch hinzustellen
Wer sie kennt, der weiß:
Sie trinken sie nur aus Zerstreutheit

Und sie sind zu gleichgültig
um sie noch als Geschenk zu erkennen
und nicht menschenunähnlich genug
um dankbar zu sein

Aberglaube

Das Loch im Parkett
und die Grube im Bett

und der hohle Zahn im Kiefer
und der Hang aus grauem Schiefer

und die Zinken an den Toren
und das Sausen in den Ohren

und der Nachtwind in den Drähten
und der Schein an Holz und Gräten

und die Würmer auf den Wegen
und das Knirschen stumpfer Sägen

und der Krüppelast der Eiche
die bedeuten alle das gleiche

Kinderreim im Dunkeln

Auf Macht
reimt Nacht

Auf Ohnmacht
reimt immerhin Mondnacht

Zwar nur schlecht
doch mit genau soviel Recht

wie die Macht
auf ihre dunklere Nacht

Die Kümmerlichen

Kümmerlich
das ist einer
um den sich keiner kümmert

Das Wort kommt
von Kummer
demnach ist kümmerlich

der dessen Kummer
keinem sonst
Kummer macht

außer anderen Kümmerlichen
um die sich
auch keiner kümmert

Rückfall

Es wäre ein Irrtum zu glauben
der Rückfall
sei einfach
ein Fall auf den Rücken

In Wirklichkeit
ist der Rückfall
fast immer
ein Vorfall

ein Fall
auf die Augen
auf Nase und Mund
und zuweilen

ein Fall
bis über die Ohren
bei dem Hören
und Sehen vergeht

Rückzug

Zuerst schäl ich den Himmel ab
damit ich blaue Kleider hab

dann atme ich die Wolken ein
so muß ich nicht mehr durstig sein

dann reiß ich alle Bäume aus
und mach mir lange Spieße draus

und alle Blumen brech ich dann
bis ich die Erde nackt sehn kann

dann jag ich alle Käfer fort
und hetze jeden Stein vom Ort

Die nassen Asseln unterm Stein
die werden mir vielleicht verzeihn

Kleine Frage

Glaubst du
du bist noch
zu klein
um große
Fragen zu stellen?

Dann kriegen
die Großen
dich klein
noch bevor du
groß genug bist

Die Retter

Eine Fliege war am Ertrinken
zwei Haifische sahen sie sinken

Da sagte der eine Hai: „Ei
schwimmen wir da vorbei!“

Der andre besann sich nicht lang
er sprach: „Diese Fliege ist krank

Hier am Grund unten geht sie zugrund
frische Seeluft wär für sie gesund!“

Der eine Hai schnappte sie auf
schwamm zur Oberfläche hinauf

Und spuckte sie seinem Genossen
auf eine jener Flossen

die ein Hai auf dem Rücken trägt
wo sie munter die Seeluft zersägt

Doch obwohl man ihr Seeluft bot
die Fliege war und blieb tot

Da kränkten sich ihre Finder
und fraßen verbittert drei Kinder

Angst und Zweifel

Zweifle nicht
an dem
der dir sagt
er hat Angst

aber hab Angst
vor dem
der dir sagt
er kennt keinen Zweifel

Ablauf

Hunde aus Zweigen
fangen Katzen aus Rauch
ihre Knospen zerbeißen
den Katzen den Bauch

Aus dem Bauch fliegt singend
der Vogel aus Glas
das Glas ist rauchig
weil die Katze ihn fraß

Die Zweige brennen
in der Rauchkatzen Krallen
die Glasvögel welken
und bellen im Fallen

Ungenau

Als Kind
konnte ich nie
das Wort
Ungestüm
lesen

Für mich
hieß es
Ungestürm
und so
las ich es auch

Das hatte
mit Stürmen zu tun
mit Unwettern
die vielleicht
so wild waren
wie das Tier
das Ungeheuer

das sich auf mein Ungestürm reimte
und das ein Untier sein mußte
getürmt
aus riesigen Massen
von Fleisch und Krallen
und drachiger Schuppenhaut
und das daher
Ungetürm
hieß

Tiefer Trunk

Die Katze wollte fischen
die Fische schwammen fort
Die Katze wurde wütend
und maunzte Wort für Wort:

„Wenn das Meer die Fische vor mir beschützt
dann trink ich es eben aus
Dann hilft dem Meer keine Gegenwehr
Und dann erst geh ich nach Haus!“

Die Katze riß das Maul auf
und warf sich in die Flut
Sie fing gleich an zu saufen
Aufs Ganze ging ihr Mut:

„Wenn das Meer die Fische vor mir beschützt
dann trink ich es eben aus
Dann hilft dem Meer keine Gegenwehr
Und dann erst geh ich nach Haus!“

Sie kommt noch nicht nach Hause
Das Meer ist auch noch tief
doch tausend Katzen springen ihr nach
und singen was sie rief:

„Wenn das Meer die Fische vor mir beschützt
dann trink ich es eben aus
Dann hilft dem Meer keine Gegenwehr
Und dann erst geh ich nach Haus!“

Der Mausefall

Die Krotts hatten eine entartete Maus
die machte sich aus Speck nichts draus.
Die Putzfrau ging fort und spie Gift und Galle:
„Das Biest läßt den Speck stehn und frißt nur die
Falle“

Da fand Vater Krott es sei eine Katze
in so einem Fall zur Entmausung am Platze
Doch die Maus fing die Katze und fraß sie fast ganz
Vor dem Mauseloch fand man nur Krallen und
Schwanz

Drum hat dann Frau Krott von Sorge gequält
die Sache befreundeten Nachbarn erzählt
Die fanden daß so etwas merkwürdig sei
und verständigten heimlich die Polizei

Da wurden die Krotts polizeilich verhört
und man hielt sie natürlich für geistesgestört
So kamen sie alle ins Irrenhaus
In der Villa Krott wohnt jetzt nur noch die Maus

Katzenbewusstsein

Ab morgen rühre ich
keine einzige Maus mehr an
nur noch Ratten
und immer größere Vögel

Dann kommt das Kind an die Reihe
Also bin ich wieder ein Löwe
der bekanntlich
der König der Menschen ist

Dann gehen zunächst einmal
alle Hunde vor die Hunde
damit Ruhe und Ordnung herrscht
Dann wollen wir weitersehen

Vom Gleichgewicht durch Befriedung

Und als die Hunde erschossen waren
da haben die Katzen sich sehr vermehrt
da kam eine Maus mit grauen Haaren
und hat sich beim Menschen beschwert

Warum wir die Hunde abgeschafft haben?
hab ich vergessen – zu dumm
Aber da vor dir liegt ein Hund begraben
Mach ein Loch und frag ihn warum

Gleichberechtigung

Die Katze
und die Maus
können beide
das Mausen nicht lassen

Aber das Mausen der Maus
ist nicht
wie das Mausen
der Katze

Machbar?

Seit die Maus
eine tote Katze
gesehen hat
in einer Rattenfalle
plant sie die Revolution

Auf dem Schlächterweg

Der Metzger fiel um
Seine Schweine fraßen die Kleider
Sie wollten ihm Luft machen
aber er rührte sich nicht

Die Schweine stießen ihn an
Sie versuchten ihn hochzubringen
mit Harn und mit Lecken
Sie schmiegten sich wärmend an ihn

Auf dem Weg zwischen Gärten und Wiesen
verstummte ihr Quieken
Mitten im Leben
fiel unter sie der Tod

„Man wird uns noch schlachten dafür
wie die lieben Soldaten!“
doch sie steckten ihm fromm Petersilie
in Ohren After und Mund

Kurzfristige Utopie

Ich möchte zwei Schweine sein
Dann hab ich nach Schweineermessen
Schwein denn dann hab ich zu fressen
denn ich schlachte das eine Schwein
Ich esse dann Teile von Leichen
doch genieße so meinesgleichen
Aber nur *ein* Schwein
wäre ich schweigentlich ungern
denn dann müßte ich nicht nur verhungern
sondern ginge an Schweinsamkeit ein

Threnodie vom walen Pfahlfisch

(*keine* etüde in f)

Dem trainreichen phallschen Fahlfisch
wählt der Fald und
die ganze walsche Fällt
in der er feilte

Er verzährt sich:
in Aalen wir finden
windet ihn kainer
Meer fieder

O wahle Quallenwellatio
auf den Qualen
und Fellen
des Feldmehrs!

Schwimm wort
mein Wisch!
Mein Hörts
geh Haie Haie machen!

Herbstmorgen in Holland

Die Nebelkuh
am Nebelmeer
muht nebel mei-
nem Bahngleis her

nicht *neben,* denn
wo Nebel fällt,
wird auch das n
zum l entstellt

Herbstmorgel il Hollald

Lul weiter il die Lebelwelt,
so bil ich eldlich kolsequelt
uld sage licht mehr *Nebel*
lur *Lebel*

Verwehrte Kelt

für Ernst Jandl

Im Esten
genau wie
im Wosten
verresten
oft grade
die Bosten

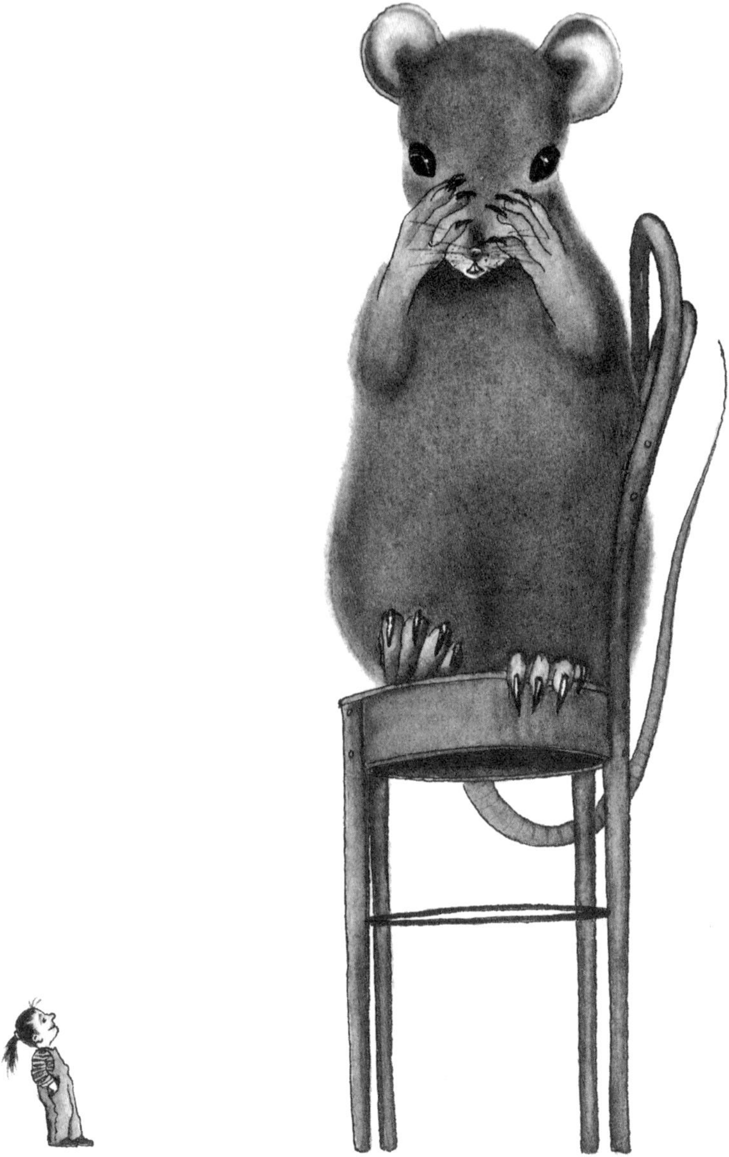

Freie Wahl mit guten Vorsätzen

am Beispiel üste

Die üste hat die freie Wahl:
Wenn sie ein W wählt bleibt sie kahl
Wenn sie ein K wählt wird sie naß –
Die freie Wahl macht keinen Spaß

Leilied bei Ungewinster

Tschill tschill mein möhliges Krieb
Draußen schnirrt höhliges Stieb

Draußen schwirrt kreinige Trucht
Du aber bist meine Jucht

Du aber bist was mich tröhlt
Dir bin ich immer gefröhlt

Du bist mein einziges Schnülp
Du bist mein Holp und mein Hülp

Wenn ich allein lieg im Schnieb
denk ich an dich mein Krieb

Der Schlüssel der Träume

für René Magritte

Die Türe kann wiehern
und der Wind tickt vielleicht
und jedenfalls zeigt er
17 Minuten nach 12 an
Der Vogel steht weiß und leer
oder halb leer da
und die Reisetasche
ist eine Reisetasche

Das braune Pferd fällt ins Schloß
oder bleibt zugesperrt
und die Uhr treibt Blätter
und altes Papier vor sich her
und weiße Wolken im Blau
und der Krug kann singen und fliegen
und die Reisetasche
bleibt eine Reisetasche

Vorübungen für ein Wunder

Vor dem leeren Baugrund
mit geschlossenen Augen warten
bis das alte Haus
wieder dasteht und offen ist

Die stillstehende Uhr
so lange ansehen
bis der Sekundenzeiger
sich wieder bewegt

An dich denken
bis die Liebe
zu dir
wieder glücklich sein darf

Das Wiedererwecken
von Toten
ist dann
ganz einfach

Der Weg zu dir

Die Kilometer
haben Beine bekommen
die Sieben Meilen
haben Stiefel bekommen
Die Stiefel laufen alle
davon zu dir

Ich will ihnen nachlaufen
da stützt mein Herz sich auf meinen
geschnitzten Stock
und hüpft
und hüpft außer Atem
den ganzen Weg bis zu dir hin

Nach jedem Sprung
fällt es auf Wirklichkeit
(so bin ich immer wieder
fast hingefallen
in deinem Garten
auf den Stufen zu dir hinauf)

Jedes Mal wenn es fällt
schlägt es auf
wie mein Stock auf die Stufen
Hörst du ihn klopfen?
Hörst du mein Herz klopfen lauter
als meinen Stock?

Wintergarten

Deinen Briefumschlag
mit den zwei gelben und roten Marken
habe ich eingepflanzt
in den Blumentopf

Ich will ihn
täglich begießen
dann wachsen mir
deine Briefe

Schöne
und traurige Briefe
und Briefe
die nach dir riechen

Ich hätte das
früher tun sollen
nicht erst
so spät im Jahr

An dich denken

An dich denken
und unglücklich sein?
Wieso?

Denken können
ist doch kein Unglück
und denken können
an dich:
an dich
wie du bist
an dich
wie du dich bewegst
an deine Stimme
an deine Augen
an dich
wie es dich gibt –
wo bleibt da
für wirkliches Unglück
(wie ich es kenne
und wie es mich kennt)
noch der Raum
oder die Enge?

Grabschrift

Zwischen Tür und Amsel
lernte ich singen

Meine Kunst ging vor Brot
also blieb mir der Hunger

Der war nicht der beste
und nicht der schlechteste Koch

sondern gar kein Koch
denn da war kein Brei zu verderben

Also schlich ich auch nicht um ihn
wie eine Katze

und ich hatte auch keine neun Leben
nur eines – und das ging zu Ende

Untergang

Als ich nach Hause kam
stand in der Tür ein Seestern
wollte mich gar nicht einlassen:
„Hier ist doch Meer!“

Und wirklich mein Brot
schmeckte viel zu gesalzen
und im Glas
herrschte deutlich Ebbe und Flut

Schließlich fand ich
in meiner Schnapsflasche Post
und im Bett lag ein Wrack
bewachsen mit Algen

Da ließ ich eine Boje
durch den Kamin aufsteigen
und die Pestflagge hängte ich gelb
zum Fenster hinaus

Zwei Tage lang
kamen vom Fluß her die Möwen
wie freche Taucher
um ein gesunkenes Schiff

Auch am dritten Tag: keine Rettung
Mein Seestern war ungeduldig:
„Haben Sie doch ein Einsehen!"
Gut. Ich ertrank

INHALT

Quellen

Die Gedichte „Ablauf", „Untergang" und „Rückzug"
wurden dem im Carl Hanser Verlag erschienenen
Band „Warngedichte" von Erich Fried entnommen.

Alle übrigen Gedichte entstammen den
im Verlag Klaus Wagenbach erschienenen Bänden
„... und Vietnam und" (1966), „Die Beine der größeren Lügen" (1969),
„Unter Nebenfeinden" (1970), „Gegengift" (1974),
„Die bunten Getüme" (1977), „Liebesgedichte" (1979),
„Lebensschatten" (1981), „Das Nahe suchen" (1982),
„Es ist was es ist" (1983), „Beunruhigungen" (1984),
„Um Klarheit" (1985) und „Unverwundenes" (1988).

Wir danken den Verlagen für die Erlaubnis
zum Abdruck der Gedichte.

Lizenzausgabe
als Ravensburger Taschenbuch Band 1768,
erschienen 1990

Umschlagzeichnung: Nikolaus Heidelbach

Satz: E. Weishaupt, Meckenbeuren
Druck und Verarbeitung: J. C. Huber KG, Dießen
Printed in Germany

5 4 3 2 1 94 93 92 91 90

ISBN 3-473-51768-2